Bibliografische Information der Deutschen Nationalbibliothek
Die Deutsche Nationalbibliothek verzeichnet diese Publikation
in der Deutschen Nationalbibliografie;
detaillierte bibliografische Daten sind im Internet
über http://dnb.ddb.de abrufbar.

Das Wort **Duden** ist für den Verlag
Bibliographisches Institut GmbH als Marke geschützt.

Alle Rechte vorbehalten.
Nachdruck, auch auszugsweise, verboten.
© Duden 2011
Bibliographisches Institut GmbH
Dudenstraße 6, 68167 Mannheim   D C B A
Redaktionelle Leitung: Nina Schiefelbein, Nele Thiemann
Lektorat: Sophia Marzolff
Fachberatung: Ulrike Holzwarth-Raether
Herstellung: Claudia Rönsch, Cornelia Huber
Layout und Satz: Michelle Vollmer, Mainz
Illustration Lesedetektive: Barbara Scholz
Umschlaggestaltung: Mischa Acker
Druck und Bindung: Egedsa S.A., Sabadell, Spanien
ISBN 978-3-411-71077-5

Achtung, Einbrecher!

Luise Holthausen

mit Bildern von Heribert Schulmeyer

Dudenverlag
Mannheim · Zürich

Inhalt

1. Hilfe, Einbrecher! 4
2. Lauter Zeugen 10
3. Lauter Verdächtige 16
4. Rauchende Köpfe 21
5. Die perfekte Falle 30
6. Auf frischer Tat 38

1. Hilfe, Einbrecher!

Die Sommersonne brennt vom Himmel. Auf hohen Sandalen stöckelt eine sehr junge Frau durch die Straße. Sie scheint gar nicht zu merken, was für ein finsterer Typ da hinter ihr herschleicht. Den Mantelkragen hat er hochgeschlagen, den Hut tief ins Gesicht gezogen. Die Augen versteckt er hinter einer dunklen Sonnenbrille. Höchst verdächtig sieht das aus! Bestimmt hat er es auf die rote Handtasche abgesehen, die am Arm der Frau baumelt.
„Hände hoch, das ist ein Überfall!", brüllt der Typ plötzlich los.

Vor Schreck fällt der Frau die Tasche runter.
„Stopp, was quasselst du denn da?"
Flo lässt seine Videokamera sinken. Papa
hat sie ihm und Felix am Wochenende ge-
schenkt, weil er sich eine neue gekauft hat.
Jetzt können sie die Ferientage dazu nutzen,
einen richtigen Krimi zu drehen! Das hat Flo
sich schon lange gewünscht. Ideen hat er
mehr als genug. Nur stellen sich Felix und
ihre gemeinsame Freundin Maxi beim Drehen
manchmal ganz schön blöd an.
„Was war denn das, Felix? Du solltest mir
das Geld doch heimlich klauen."
Maxi streift die Sandalen ihrer Mutter ab und
reibt sich die Füße. „Puh, sind die Dinger
unbequem."
„Pfff, das weiß ich doch." Felix reißt sich den
Hut vom Kopf und fächelt sich Luft zu.
Sein Gesicht ist knallrot. „Mir ist nur gerade
eingefallen, dass es besser wirkt, wenn ich
dich richtig überfalle."

5

„Bei einem Filmdreh kann aber nicht jeder machen, was er will", meckert Flo. „Also noch mal von vorn. Maxi, du bummelst die Straße entlang. Felix, du schleichst dich an und ziehst Maxi heimlich das Portemonnaie aus der Tasche. Detektivfilm – Klappe, die zweite. Und Action!"
Seufzend schlüpft Maxi wieder in die Sandalen und stolziert den Bürgersteig entlang. Felix folgt ihr auf Zehenspitzen.
„Hilfe, Einbrecher!", ertönt es lautstark.
„Menno!" Fluchend lässt Flo die Kamera wieder sinken. „Was haben denn Einbrecher mit einem Handtaschenraub zu tun?"
„Das war ich nicht", versichert Maxi.
Da hören sie es wieder: „Hilfe, Hilfe, Einbrecher!"
„Das kommt von da vorne!"

1. Fall: Wieso haben die Kinder die Videokamera des Vaters?

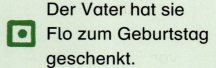 Der Vater hat sie Flo zum Geburtstag geschenkt.

Felix deutet auf das Mehrfamilienhaus an der Straßenecke.
Ohne nachzudenken sprintet Flo sofort los. Hinter sich hört er die stampfenden Füße von Felix und das leise Tappen der wieder barfüßigen Maxi. Kurz vor der offenen Haustür hat sie ihn eingeholt.

 Felix und Flo haben sie sich von ihm geliehen.

 Der Vater hat sich selbst eine neue gekauft.

„Sei vorsichtig", flüstert sie. Flo nickt stumm. Ja, wenn sich hier wirklich irgendwo ein Einbrecher herumtreibt, müssen sie jetzt aufpassen. Dann ist das kein Spiel mehr wie eben noch beim Videodreh. Dann ist das Ernst! Geduckt linsen sie um die Ecke. Im Hausflur brennt Licht. Im Erdgeschoss steht eine Frau vor ihrer offenen Wohnungstür, neben ihr ein umgestürzter Koffer. Anscheinend ist sie gerade aus dem Urlaub gekommen. Zum Glück sieht sie auch so nicht gefährlich aus. Nur ziemlich aufgeregt.

„Das ist Frau Eisler", flüstert Maxi. „Die wohnt hier."

„Mein neuer CD-Player ist weg", jammert Frau Eisler. „Und mein Fernseher!"

Flo wagt sich aus seiner Deckung. Und da sieht er es selbst: In der Wohnung herrscht wildes Durcheinander. Schranktüren stehen offen, Schubladen liegen umgekippt auf dem Teppich und überall sind Sachen verstreut. Flos Herz schlägt schneller. Kein Zweifel, hier war ein echter Einbrecher am Werk!

2. Lauter Zeugen

Kurz darauf bremst ein Polizeiauto vor dem Haus und zwei Polizisten springen aus dem Wagen. „Geht ihr mal lieber nach Hause", sagt der eine energisch.

„Das hier ist nichts für Kinder", fügt der andere hinzu.

Haben die eine Ahnung! Dieser Fall ist sehr wohl was für junge Detektive. Aber es bringt nichts, das den Polizisten zu erklären. Die werden ihnen sowieso kein Wort glauben. Unwillig macht Flo sich mit Felix und Maxi auf den Heimweg.

„Das ist gemein", murrt Felix. „Wir waren schließlich die Ersten am Tatort."

„Ja, wir hätten der Polizei bestimmt helfen können", stimmt Maxi ihm zu. „Wir drehen doch schon den ganzen Tag mit eurer Kamera. Vielleicht haben wir dabei was Verdächtiges aufgenommen."

Eine Superidee! Vielleicht ist ja sogar der Einbrecher auf ihrem Film? Auf einmal kann Flo gar nicht schnell genug nach Hause kommen. Zum Glück haben sie es nicht weit, schließlich wohnen sie in derselben Straße wie Frau Eisler.

Zu Hause hocken sie sich gespannt vor den Fernseher. Flo schließt die Kamera an und lässt den Film ablaufen. Eine finstere Gestalt schleicht durchs Bild.
„Ich war richtig gut als Verbrecher", meint Felix zufrieden.
„Angeber", kichert Maxi.

„Hey, seht ihr das?" Flo beugt sich vor. Im Hintergrund läuft ein Mann mit Kappe und Sonnenbrille durchs Bild und bleibt dann vor Frau Eislers Haus stehen. „Was macht der da an der Tür?"

„Verdächtige Person in Sicht", stellt Felix fest. „Quatsch", widerspricht Maxi, „das ist Herr Lorenz, der Hausmeister. Kennt ihr den nicht? Er wohnt im selben Haus wie Frau Eisler."

„Er ist verdächtig", beharrt Felix. „Er versteckt sich hinter einer Sonnenbrille. Genau wie ich im Film."

„Na und? Es ist Sommer. Die Sonne scheint. Nicht jeder mit Sonnenbrille ist auch gleich ein Verbrecher."

„Und was ist mit der Kappe, die sein halbes Gesicht verdeckt?" Felix schaut Maxi herausfordernd an.

2. Fall: Wer hat die Idee, die Kamera bei der Detektivarbeit einzusetzen?

 Felix

Maxi stöhnt. „Herr Lorenz hat immer eine Kappe auf. Er hat nämlich eine Glatze, und das ist ihm peinlich."

Flo spult den Film noch mal zurück. Wieder sehen sie, wie Herr Lorenz vor dem Haus stehen bleibt und sich dann an der Haustür zu schaffen macht. Danach betreten noch fast ein halbes Dutzend Menschen das Haus.

 Maxi   Flo

Eine Nachbarin von Frau Eisler, die Müller heißt, wie Maxi weiß. Dann ein Paketbote, der aber nur von hinten zu sehen ist. Zwei Mitarbeiter einer Umzugsfirma, die ihren Transporter vor dem Haus geparkt haben. Und am Schluss Frau Eisler selbst. Man hört noch ihre Rufe „Hilfe, Einbrecher!". Dann bricht die Aufnahme ab.

Flo starrt nachdenklich auf die leere Mattscheibe. Das hat er beim Drehen gar nicht mitbekommen, wie viele Leute in dem Haus ein- und ausgegangen sind! Sind das nun alles Verdächtige? Oder sind das nur harmlose Zeugen? Und wann ist der Einbruch überhaupt passiert? Erst heute oder schon vor ein paar Tagen?

„Ich weiß, wer's war: Frau Eisler selbst", verkündet Felix feierlich.

Maxi verdreht die Augen.

„Warum sollte sie in ihrer eigenen Wohnung einbrechen?"

14

Flo springt seinem Bruder bei. „Wir dürfen nichts ausschließen. Ein guter Detektiv ermittelt nach allen Seiten."

„Und wie sollen wir ermitteln?", will Maxi wissen.

Flo denkt nach. Wie gehen die Detektive in den Büchern vor, die er immer liest? „Wir befragen alle, die am Tatort waren", schlägt er vor. „Herrn Lorenz, die Nachbarin, den Paketboten und die Umzugsleute. Vielleicht hat irgendjemand von denen was mitbekommen."

3. Lauter Verdächtige

Um ungestört ermitteln zu können, warten Flo, Felix und Maxi, bis die Polizei wieder weggefahren ist. Erst dann trauen sie sich zu Frau Eislers Haus hinüber.

Von außen sieht es ganz normal aus. Gar nicht so, als sei hier etwas passiert.

Zuerst klingeln sie bei der Nachbarin, Frau Müller.

Zum Glück ist die freundlich und schickt sie nicht weg. Im Gegenteil, sie freut sich über den Besuch. Sie schleppt gleich einen großen Teller Kekse aus ihrer Küche herbei und redet dann ohne Punkt und Komma los: „Ich weiß gar nicht, wann das passiert sein soll. Und das am helllichten Tag! Heute Morgen war ich noch drüben bei Frau Eisler und hab ihre Blumen gegossen. Da war alles in Ordnung. Und jetzt das! Ach je, ach je …"

16

„Sie haben einen Schlüssel?", unterbricht Flo sie aufgeregt. Insgeheim notiert er für sich: Der Einbruch ist also heute passiert!
„Ja, wegen der Blumen", antwortet Frau Müller ihm. „Ich sollte auch den Briefkasten ausleeren, aber der Schlüssel hat geklemmt. Frau Eisler war ja zum Glück nicht so lange weg. Gut, der Briefkasten war ein bisschen vollgestopft, aber …"
Und so redet Frau Müller immer weiter und weiter. Flo muss sich Mühe geben, still zu sitzen. Neben ihm rutscht Felix auf seinem Stuhl herum. Als Frau Müller eine kurze Pause macht, um Luft zu holen, sagt Maxi schnell: „Vielen Dank für die Kekse. Wir müssen jetzt nach Hause."

Im Treppenhaus meint sie: „Hoffentlich reden die anderen nicht genauso lange. Da brauchen wir ja Stunden für unsere Ermittlungen."
„Wir sind schon fertig", behauptet Felix. „Es ist doch klar, wer's war." Er macht eine bedeutungsschwere Pause.
„Wer denn? Sag schon", drängelt Maxi.
„Frau Müller natürlich. Sie hat einen Schlüssel. Damit konnte sie locker in die Wohnung und alles ausräumen."
Maxi tippt sich an die Stirn. „Wenn sie ihre Nachbarin bestehlen würde, glaubst du wirklich, sie verwüstet dabei die Wohnung?"
„Das hat sie zur Ablenkung gemacht", erklärt Felix.

Flo steht schon vor der nächsten Wohnungstür. Er hat kaum die Klingel angetippt, da wird
auch schon die Tür aufgerissen. Herr Lorenz
steht vor ihnen, ohne Sonnenbrille und ohne
Kappe, dafür mit Glatze.
„Was wollt ihr hier?", blafft er sie an.
„Wir wollten Sie nur wegen Frau Eisler fragen,
ob Sie da vielleicht …"
Herr Lorenz läuft rot an vor Zorn. „Schert euch
zum Teufel, ihr neugierige Bande!" Damit
knallt er ihnen die Tür vor der Nase zu.

„Der war's", sagt Felix leise, aber aus tiefstem Herzen.

„Ja, wer denn nun? Eben war's noch Frau Müller", spottet Maxi.

„Ich hab mich getäuscht. Herr Lorenz war's. Ganz klar."

„Herr Lorenz ist aber **immer** unfreundlich."

„Nein, so benimmt sich nur ein Verdächtiger."

„Bei dir ist ja jeder verdächtig", schnaubt Maxi.

Flo schwirrt der Kopf. Bisher sind sie noch keinen Schritt weitergekommen. Ob die Polizei genauso im Dunkeln tappt? Aber Aufgeben gilt nicht. Das kommt überhaupt nicht infrage!

4. Rauchende Köpfe

Für den nächsten Morgen ist eine Lagebesprechung in Flos Zimmer angesetzt. Maxi kommt ein paar Minuten später. Sie ist völlig außer Atem.

„Meine Oma ist zur Kur gefahren, deswegen musste ich noch ihre Rollläden hochziehen und den Briefkasten leeren", keucht sie.
„Aber ich hab was total Spannendes gehört! Heute Morgen haben sich meine Eltern beim Zeitunglesen unterhalten. Es gab schon mehrere Einbrüche hier in der Gegend! Und alles war genau wie bei Frau Eisler: mitten am Tag und nie hat jemand was gemerkt. Und immer waren die Bewohner in Urlaub. Woher weiß der Einbrecher das bloß?"

„Ganz einfach", antwortet Felix sofort. „Der Einbrecher ist ein guter Bekannter von den Leuten, der die Urlaubsplanung mitgekriegt hat. Kaum fahren sie weg, zack, peng, ist er schon da und räumt die Wohnung leer."
„Ein Mensch, der alle seine Bekannten beklaut?" Maxi sieht nicht sehr überzeugt aus.

Flo hat mit wachsender Spannung zugehört. Dieser Fall nimmt ja immer tollere Ausmaße an! Nicht nur einen Einbruch, nein, gleich eine ganze Serie müssen sie aufklären! Er spürt das Detektivkribbeln bis in die Haarspitzen.

„Halten wir doch mal alle Fakten fest", überlegt er laut. „Und alle Verdächtigen. Mit Frau Müller und Herrn Lorenz haben wir schon gesprochen …"

„Dass wir mit Herrn Lorenz wirklich gesprochen haben, kann man ja nun nicht gerade behaupten", mault Felix.

„Fehlt noch der Paketbote. Und die Möbelpacker", sagt Flo.

Wie aufs Stichwort fährt das gelbe Postauto vor. Der Paketbote springt aus dem Auto, ein großes Paket unterm Arm.

„Dann können wir ihn doch gleich fragen!"

Felix rennt ans Fenster und reißt es auf.

„Hallo, haben Sie vielleicht gestern ein Paket dort vorne ins Eckhaus geliefert?"

Der Paketbote schüttelt den Kopf. „Nein, das muss ein Kollege gewesen sein. Ich bin heute den ersten Tag aus dem Urlaub zurück."
Mit strahlendem Gesicht schließt Felix das Fenster wieder. „Alles klar. Wir haben ihn."
„Äh …", macht Maxi. „Wie jetzt?"
„Ja, gut, wir müssen es noch beweisen", räumt Felix ein. „Aber er war's. Ganz klar. Dass er Urlaub hatte, das ist doch nur eine Schutzbehauptung."
Flo starrt nachdenklich vor sich hin. Vielleicht hat sein Bruder diesmal recht? Ein Paketbote kommt wirklich überall ins Haus. Vielleicht kommt er auch in einem unbeobachteten Moment in eine fremde Wohnung?
Aber noch haben sie ja nicht alle befragt. Die Möbelpacker fehlen noch. „Wie hieß noch mal die Umzugsfirma?", fragt er.
„Lambrecht", antwortet Maxi.

Flo geht an Mamas Computer und tippt „Umzugsfirma" und „Lambrecht" in die Suchmaschine. „Das ist ja komisch", murmelt er.
„Was denn?" Maxi schaut ihm neugierig über die Schulter.
„Es gibt keine Umzugsfirma Lambrecht. Jedenfalls nicht hier in der Stadt."
„Dann ist die Sache doch klar wie Kloßbrühe", meint Felix. „Die Möbelpacker waren es."

Diesmal widerspricht ihm niemand. Denn wenn es diese Umzugsfirma nicht gibt, dann haben die Männer auch nur so getan, als wären sie Möbelpacker. Und in Wirklichkeit waren sie Einbrecher!
Doch wie können sie die Männer enttarnen? Flos Kopf qualmt und raucht, aber er kommt zu keinem Ergebnis. Sie können doch nicht durch die Straßen ziehen und gucken, wo ein Umzugswagen vor dem Haus parkt!

3. Fall: Womit haben die drei ihre Ermittlungen begonnen?

 mit einer Befragung der Verdächtigen

„Man müsste ihnen eine Falle stellen", murmelt er. „Bloß wie?"
Maxi steht auf. „Ich muss jetzt jedenfalls noch mal zu meiner Oma. Ich hab vergessen, ihre Blumen zu gießen."
In Flos Hirn beginnt es zu tickern. „Sag mal, Maxi, warum machst du das eigentlich?"
Maxi schaut überrascht. „Na ja, damit die Blumen nicht vertrocknen."
„Und die Post, warum holst du die aus dem Briefkasten?", bohrt Flo nach.
„Weil der sonst überquillt."
„Und warum ziehst du den Rollladen hoch und runter?"
„Weil …" Maxi schaut Flo an, als würde ihr langsam dämmern, worauf er hinauswill.
„Weil niemand merken soll, dass sie nicht da ist."

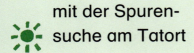 mit der Spurensuche am Tatort

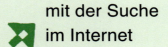 mit der Suche im Internet

„Eben!", ruft Flo triumphierend. „Wenn der Briefkasten vollgestopft ist und die Rollläden den ganzen Tag unten bleiben, dann weiß jeder: Die Wohnung ist unbewohnt. Das wussten also auch die Einbrecher!"

„Das kann überhaupt nicht sein", widerspricht Felix. „Frau Müller hatte schließlich einen Schlüssel zur Wohnung von Frau Eisler. Trotzdem wurde bei ihr eingebrochen."

„Ja, Frau Müller hat die Blumen gegossen. Aber der Briefkastenschlüssel klemmte, das hat sie uns selbst erzählt! Und die Rollläden hat sie wahrscheinlich unten gelassen, damit es nicht so heiß wird bei dieser Sommersonne." Flo ist von sich selbst begeistert. Eine bessere Beweisführung kriegt auch die Polizei nicht hin!

4. Fall: Warum zieht Maxi den Rollladen ihrer Oma hoch und runter?

 In der Wohnung soll es nicht zu heiß werden.

„Wir könnten ja …" Maxi zögert. „Du hast doch von einer Falle gesprochen. Also die Wohnung meiner Oma …" Wieder stockt sie. Aber mehr muss sie gar nicht sagen. Die drei verstehen sich auch ohne Worte. Die Wohnung von Maxis Oma als Falle! Das ist es! Damit werden sie die Einbrecher auf frischer Tat ertappen.

🌙 Die Blumen brauchen Licht.

 Keiner soll merken, dass ihre Oma verreist ist.

5. Die perfekte Falle

Die Wohnung von Maxis Oma sieht aus
wie eine ganz normale Oma-Wohnung. Die
Schrankwand im Wohnzimmer, die Blumen-
töpfe auf dem Fensterbrett, die blitzblank
geputzte Küchenspüle: alles ganz harmlos.
Kein Mensch käme auf die Idee, dass hier
in Kürze einige Serieneinbrecher dingfest
gemacht werden sollen!
Flo hat trotz allem ein mulmiges Gefühl in
der Magengegend. Wenn sie sich hier in der
Wohnung verstecken und die Einbrecher
sie entdecken, dann sitzen nicht die Einbrecher in der Falle – sondern sie selbst, die
Detektive!
„Gibt es vielleicht vor dem Haus ein gutes
Versteck?" Flo linst durch die Ritzen vom
Rollladen.
„Nur eine Wiese mit ein paar Büschen auf der
anderen Straßenseite."

30

Maxi hat die Blumen gegossen und stellt die Gießkanne wieder auf den Wohnzimmertisch. Daneben liegen die Zeitungen, die sie in den letzten Tagen aus dem Briefkasten geholt hat. Inzwischen sind sie, zusammen mit der Post und den Werbeprospekten, zu einem richtigen kleinen Stapel angewachsen.
„Das muss alles wieder zurück", sagt Maxi.
Ein paar Minuten später machen sie sich zu dritt am Briefkasten zu schaffen. Aber nicht etwa, um ihn auszuleeren. Nein, um ihn vollzustopfen! Zum Glück sieht sie niemand dabei.

„Die perfekte Falle." Flo mustert zufrieden den Briefkasten. Die Klappe steht offen. Die Zeitung von heute ragt sogar heraus, weil sie keinen Platz mehr hat.

Danach beziehen sie zu dritt ihren Beobachtungsposten auf der Wiese. Das müssen sie natürlich unauffällig machen. Deswegen setzt sich Felix neben die Büsche und tut so, als würde er mit seinem Taschenmesser an einem Aststückchen schnitzen.

5. Fall: Was heißt „mustern"?

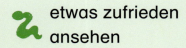

etwas zufrieden ansehen

Maxi holt einen Ball von zu Hause, damit es so aussieht, als würde sie mit Flo spielen. Aber eigentlich sind sie viel zu aufgeregt, um irgendetwas zu machen. Bei jedem Laut, den sie hören, zucken alle drei zusammen. Naht da vielleicht der getarnte Umzugswagen? Jeden Fußgänger beäugen sie misstrauisch. Ist das vielleicht einer, der auskundschaftet, in welchem Haus die Rollläden unten bleiben und die Briefkästen ungeleert?

„Ist der Typ da nicht vorhin schon mal vorbeigekommen?", zischt Felix und deutet auf einen Mann, der gemächlich die Straße entlangspaziert.

Der Mann schaut zu ihnen herüber.

Hastig stochert Felix an seinem Aststückchen herum. Maxi tritt blindlings gegen den Ball.

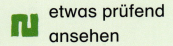 etwas prüfend ansehen

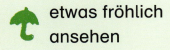 etwas fröhlich ansehen

„Aua!", stöhnt Flo auf, als er ihm an den Kopf donnert. Unauffällig war das ja nicht gerade! Und ob er den Mann schon mal gesehen hat, das weiß er nicht. Er weiß überhaupt nichts mehr. Auf einmal geht es ihm wie Felix und jeder kommt ihm verdächtig vor. Der eine geht besonders langsam am Haus von Maxis Oma vorbei. Der andere schaut besonders lange auf die Briefkästen. Oder bildet er sich das alles nur ein?

Rücklings lässt er sich ins Gras fallen. Er ist völlig k.o. Detektiv zu sein ist viel anstrengender, als einen Film zu drehen.

Maxi geht zu ihrem Fahrrad. „Ich muss nach Hause zum Mittagessen", sagt sie.

„Wir halten so lange die Stellung", murmelt Flo mit geschlossenen Augen.

Die nächsten Tage sind echt hart. Zum Glück haben sie noch Ferien und auch das warme Sommerwetter hält an. So können sie von morgens bis abends auf ihrem Beobachtungsposten bleiben. Nachts natürlich nicht. Da die Einbrüche bisher immer tagsüber passiert sind, ist das aber wohl auch nicht nötig. Ein Umzugswagen, der nachts Möbel abholt, wäre ja viel zu auffällig.

Trotzdem schläft Flo in dieser Zeit sehr unruhig. Ständig träumt er von rasenden Transportern und explodierenden Briefkästen.

Am vierten Tag ziehen dunkle Wolken am Himmel auf. Maxi schaut nach oben. „Wenn es jetzt auch noch regnet, müssen wir aufgeben."

„Ich hab schon einen Tropfen abbekommen", verkündet Felix düster.

„Wir geben nie auf!", ruft Flo.

„Und noch einen Tropfen! Und noch einen!"

„Halt die Klappe", faucht Flo.
„Halt selber die Klappe!"
Wütend funkelt Flo seinen Bruder an. Felix funkelt zurück. „Und überhaupt, du bist hier nicht der Bestimmer", legt er los. „Ständig tust du so, als wüsstest du alles. Dabei blickst du auch nicht besser durch als wir. Und …"
„Schschsch!", zischt Maxi. „Hört ihr das nicht?"
Felix verstummt und lauscht. Flo lauscht auch. Motorengeräusch von einem Dieselmotor. Haben nicht Lastwagen einen Dieselmotor? Und Transporter?

Schnell verstecken sie sich hinter den Büschen. Das Geräusch kommt näher. Ein Transporter biegt um die Ecke und wird dann langsamer. Vor Omas Haus bleibt er stehen. Das Motorengeräusch verstummt.

„Das ist er", flüstert Maxi.

Jetzt tröpfelt es nicht mehr, jetzt regnet es schon richtig. Aber das merkt keiner mehr. Alle starren nur wie gebannt auf den Transporter. „Umzugsfirma Lambrecht" prangt in großen Buchstaben auf der Seite.

6. Auf frischer Tat

Zwei Männer springen aus dem Umzugswagen. Der eine sieht mit seinem Bart aus wie ein Pirat. Der andere ist groß und sehr dünn. Beide tragen graue Arbeitskleidung. „Mistwetter", flucht der Bärtige.

„Wie kommen die überhaupt zur Tür rein?",
zischt Felix.

Diese Frage kann Flo leicht beantworten.
Damit kennt er sich aus. Das hat er schon
tausendmal in seinen Detektivbüchern ge-
lesen. „Die haben extra Handwerkszeug
dafür. Einen Dietrich oder ein Brecheisen
oder so."

„Und was machen wir jetzt?", fragt Maxi mit
bebender Stimme.

Diese Frage kann Flo nicht so leicht beantworten. Ja, was machen sie jetzt eigentlich?
Das haben sie sich nie überlegt. Nur bis zum
Auftauchen des Umzugswagens haben sie
gedacht. Und dass sie diese Typen dann
überführen. Bloß wie, das haben sie bei ihren
Planungen irgendwie vergessen.

Deswegen hocken sie jetzt nur wie erstarrt
hinter ihrem Busch und sehen zu, wie die
beiden Männer mit ein paar Umzugskartons
hinter dem Transporter verschwinden.

39

„Das wird mir zu heiß. Ich ruf jetzt die Polizei an." Maxi springt auf, schnappt sich ihr Rad und weg ist sie.

Polizei. Die Polizei braucht Beweise. Auf einmal kann Flo wieder klar denken. Sie müssen der Polizei Beweise liefern! Aber das ist kein Problem. Wofür hat er denn die Videokamera immer dabei?

Seine Hände zittern ein bisschen, als er die Kamera aus seiner Tasche holt. Mist, wenn er durch die Büsche filmt, sieht man überhaupt nichts. Nur Zweige und Blätter. Außerdem steht auch noch der Umzugswagen direkt vor der Tür und versperrt die Sicht. Aber genau das wollen die Typen ja auch erreichen! Und wenn doch mal jemand was mitbekommt, dann hält er sie für harmlose Möbelpacker.

6. Fall: Maxi sagt: „Das wird mir zu heiß." Was bedeutet das?

Maxi ist so aufgeregt, dass sie schwitzt.

Es hilft nichts, er muss näher ran. Während Felix hinter den Büschen bleibt, schlängelt sich Flo im strömenden Regen zwischen den parkenden Autos hindurch und duckt sich hinter einen Kotflügel. Mit der Kamera fängt er die Männer ein, wie sie die Haustür aufhebeln und nach drinnen verschwinden.

Die Sache wird ihr zu gefährlich.

Die Sache wird ihr zu hitzig.

Ein paar endlose Minuten verstreichen. Flo hört nur das Rauschen des Regens und spürt, wie er immer nasser wird. Seine Beine werden taub, weil er so unbequem auf der Erde kauert. Wo, verdammt noch mal, bleibt die Polizei?

Da tauchen die Männer auch schon wieder auf. Jeder schleppt einen offensichtlich prall gefüllten Karton mit sich. Noch zweimal gehen sie ins Haus, um Diebesgut zu holen und im Umzugswagen zu verstauen. Dann steigen sie ein und starten den Motor.

Verdammt, gleich sind sie weg! Schon rollt der Wagen los. Und noch immer keine Spur von der Polizei!

Flo zoomt auf das Autokennzeichen. Vielleicht kann die Polizei anhand der Nummer später die Verbrecher ermitteln.

Aber nein, bestimmt ist das Kennzeichen gefälscht. Flo lässt die Kamera sinken.

Jetzt war alles umsonst! Was nützen ihm die Videoaufnahmen, wenn die Typen unerkannt untertauchen können?

Neben sich spürt Flo eine Bewegung. Felix ist an seine Seite gehuscht. Auf seinem Gesicht liegt ein Grinsen.

„Mensch!", zischt Flo seinen Bruder an. „Du hättest ja auch mal was machen können!"

Das ist gemein, das weiß er selbst. Aber vor Wut kann er nicht anders.

In diesem Augenblick beginnt der Transporter zu holpern und zu schlingern. Ein paar Meter weiter kommt er zum Stehen.

Der Bärtige springt heraus und kniet sich vor den linken Hinterreifen. Erst jetzt bemerkt Flo, dass der Reifen fast platt ist.

„Verdammt, jemand hat uns in den Reifen gestochen", flucht der Mann.

Flo dreht den Kopf und starrt Felix an. Der dreht das Taschenmesser in seiner Hand und grinst noch breiter.

Und dann hören sie endlich das Heulen der Polizeisirenen.

Die Männer lassen den Umzugswagen stehen und wollen zu Fuß flüchten. Der Regen hat mittlerweile wieder nachgelassen. Aber sie kommen nicht weit. Schon ist das Polizeiauto um die Ecke gebogen, zwei Polizisten springen heraus und legen den beiden Einbrechern Handschellen an.

7. Fall: Wie sind die Einbrecher ins Haus gekommen?
Sie haben die Tür …

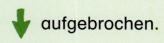 aufgebrochen.

Jetzt wagen sich auch Flo und Felix aus ihrem Versteck.
Maxi kommt mit hängender Zunge um die Ecke geradelt. „Ja, die sind es", ruft sie den Polizisten zu.

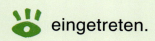 eingetreten.

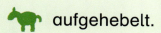 aufgehebelt.

Zum Erstaunen der Kinder brechen die fest-
genommenen Männer in Gelächter aus.

„Soll das ein Witz sein?", prustet der Dünne.

„Nein, Sie werden verdächtigt, serienweise
Einbrüche begangen zu haben", belehrt sie
einer der Polizisten.

Nun lachen die Männer noch lauter.

„Behaupten das etwa diese drei Gören? Sie
werden denen doch nicht glauben. Das ist
lächerlicher Kinderkram. Ein Streich, mehr
nicht."

Wütend hebt Flo seine Kamera hoch. „Von
wegen Kinderkram. Ich hab alles aufgenommen! Das sind keine Umzugsleute."

Die Polizisten wechseln einen Blick. Dann
sagt der eine: „Wir werden einfach mal nach-
schauen." Er klappt den ersten Karton auf.

„Da ist der Fernseher meiner Oma drin!", ruft
Maxi empört.

Nun lachen die Männer nicht mehr, sondern
machen ziemlich bedröppelte Gesichter.

„Das habt ihr gut gemacht, Kinder", lobt sie der Polizist. Flo, Felix und Maxi strahlen und klatschen sich ab. Ja, das war wirklich gute Detektivarbeit! Und wovon ihr nächster Film handeln wird, das ist ja nun auch schon klar.

Was sagst du dazu?

Maxi informiert die Polizei. Was meinst du, warum sie sich dafür entschieden hat?

Schreibe deine Idee dazu auf und schicke sie uns! Als Dankeschön verlosen wir unter den Einsendern zweimal jährlich tolle Buchpreise aus unserem aktuellen Programm!
Eine Auswahl der Einsendungen veröffentlichen wir außerdem auf unserer Homepage www.lesedetektive.de.

Bibliographisches Institut GmbH
Duden – Kinder- und Jugendbuchredaktion
Kennwort: **Einbrecher**
Postfach 10 03 11
68003 Mannheim
E-Mail: lesedetektive@duden.de

Wenn du alle Fälle im Buch richtig gelöst hast, kannst du hier das Lösungswort eintragen:

__ __ M __ __ C __
1. 2. 3. 4. 5. 6. 7.

Die Duden-Lesedetektive: Leseförderung mit System

Lesedetektive 3. Klasse

48 Seiten, gebunden.
7,95 € (D); 8,20 € (A)

- Achtung, Einbrecher!
- Luzie findet einen Vogel
- Nelly und der Piratenschatz
- Nelly, die Piratentochter
- Herr von Blech ist verliebt
- Herr von Blech geht zur Schule
- Herr von Blech zieht ein
- Prinz Winz aus dem All
- Viktor und die Fußball-Dinos
- Eins zu null für Leon

Lesedetektive 4. Klasse

48 Seiten, gebunden.
7,95 € (D); 8,20 € (A)

- Die Inselschüler – Hampe muss bleiben!
- Die Inselschüler – Der Fall Hampe
- Die Inselschüler – Gefahr im Watt
- Zwei Jungs und eine Zicke
- Betreten verboten!
- Kira und die Hexenschuhe
- Der schlechteste Ritter der Welt
- Der Geist aus dem Würstchenglas

Lesedetektive gibt es für die 1. bis 4. Klasse sowie als Vorlesegeschichten

www.lesedetektive.de